CHAMBRE DE COMMERCE D'ALGER

Loi de Finances du 28 Décembre 1895

DROITS DE QUAI & DE STATISTIQUE EN ALGÉRIE

ALGER

ADOLPHE JOURDAN, IMPRIMEUR-LIBRAIRE-ÉDITEUR

4, PLACE DU GOUVERNEMENT, 4

1896

CHAMBRE DE COMMERCE D'ALGER

Loi de Finances du 28 Décembre 1895

DROITS DE QUAI & DE STATISTIQUE
EN ALGÉRIE

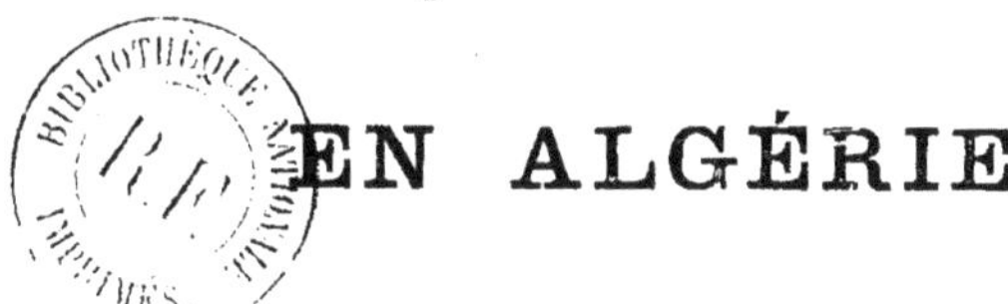

ALGER

ADOLPHE JOURDAN, IMPRIMEUR-LIBRAIRE-ÉDITEUR

4, PLACE DU GOUVERNEMENT, 4

1896

CHAMBRE DE COMMERCE D'ALGER

Séance du 8 Janvier 1896

Présidence de M. J. WAROT, Président

DROITS DE QUAI ET DE STATISTIQUE EN ALGÉRIE

ÉDICTÉS PAR LA LOI DE FINANCES DU 28 DÉCEMBRE 1895

PÉTITION adressée au Président de la Chambre de Commerce d'Alger par M. DELACROIX, Agent de Compagnies Maritimes et Négociant en Charbon, au nom des Armateurs, Agents de Compagnies, Courtiers Maritimes, Acconiers, Exportateurs, etc., réunis en Assemblée Générale au Palais Consulaire, le 6 Janvier 1896.

PREMIÈRE PARTIE

Les Droits de Quai

Monsieur le Président,

Par la loi de finances du 28 décembre 1895, le Parlement a rendu applicable en Algérie la loi du 30 janvier 1872, qui frappe d'un droit de quai les navires de tout pavillon fréquentant nos ports et venant de l'étranger ou des colonies et possessions françaises.

Ce droit est perçu à raison de 0 fr. 50 par tonneau de jauge pour les provenances des pays d'Europe et du bassin de la Méditerranée, et de 1 franc pour les arrivages des autres pays.

Cette loi vient de provoquer dans le commerce maritime de notre place une émotion profonde, car ses effets sont de nature à menacer sa prospérité et son développement.

Ainsi que vous le savez, le port d'Alger est devenu le point d'escale de nombreuses Compagnies étrangères dont les navires viennent charger en cueillette et par petites quantités à la fois les produits du pays. Ces quantités varient entre 50 et 150 tonnes, atteignant rarement davantage. Quoique ces chargements soient faibles et le fret acquis minime, les armateurs y trouvent cependant quelque intérêt, étant donné que leurs vapeurs ne subissent dans leur trajet aucune déviation de route et que les frais de port, peu élevés jusqu'au jour de la promulgation de cette loi, leur ont permis d'opérer en réalisant un certain bénéfice.

C'est ainsi que, grâce à notre initiative et à nos constants efforts, nous avons réussi à attirer à Alger les navires des Compagnies suivantes :

Compagnie Océanique	possédant.	41	vapeurs.
— Nederland Stoomart Mad	—	15	—
— Moss	—	17	—
— Papayani	—	9	—
— Royale Néerlandaise	—	23	—
— Deutsche Levante Linie	—	6	—
— Sloman	—	20	—
— Hambourgeoise Américaine	—	58	—
— Bremen Lloyd	—	76	—
— British India	—	94	—
— Orient	—	9	—
— Th. Wilson et Sons	—	74	—
— Trident Line	—	5	—
— Dampchiff Rhederic	—	4	—
— Detforenede Dampskibs Selskab	—	105	—
— Canard	—	27	—
— Flotte volontaire russe	—	14	—
— Russe de navigation	—	78	—
— Hongroise-Adria	—	25	—
— Cockerill	—	9	—

soit donc vingt Compagnies possédant 709 vapeurs qui ont mis notre port en relations directes avec l'Angleterre, la Belgique, l'Allemagne, la Hollande, la Russie, l'Autriche, l'Italie, l'Espagne, l'Égypte, les Indes et l'Extrême-Orient, facilitant ainsi le commerce d'exportation des produits du pays.

Nous pouvons même dire que c'est grâce à ces lignes que les négociants algériens ont pu établir avec l'étranger l'important courant d'affaires qui existe aujourd'hui. Notre commerce maritime n'est donc pas le seul éprouvé par la loi du 28 décembre qui vient de le frapper. Le commerce d'exportation et l'agriculture vont également en subir les effets désastreux.

Certaines branches importantes de commerce seront atteintes dans une proportion considérable au point de vue de l'intérêt de l'agriculture. Citons celle des machines agricoles, de spécialités anglaise et américaine, sans similaires en France, qui nous arrivent directement et qui devront emprunter un circuit plus long, plus coûteux et susceptible de nombreuses avaries ; leur prix de revient en sera doublé.

A l'exportation nos produits naturels, tels que laine, vins, minerais, crin végétal, liège, peaux de chèvres, cannes brutes, alfa, huiles, etc., subiront des augmentations de fret équivalant à une prohibition complète.

Il est facile de s'en rendre compte, si l'on songe que pour charger 50 tonnes de marchandises, un navire du tonnage moyen de 1,500 tonnes de jauge devra acquitter 0 fr. 50 par tonne, soit 750 francs, en outre des autres droits de pilotage, péage, etc. Ses frais s'élèveront donc à 1,000 francs, tandis que ses recettes atteindront à peine ce chiffre.

Pour un navire venant charger 100 tonnes, les frais de port s'élèveront à 50 0/0 du fret réalisé. Il est donc évident qu'aucune Compagnie ne consentira à faire escale à Alger pour y effectuer une opération infructueuse.

Notre port verra ainsi supprimer toutes ses communications avec les pays étrangers, car nous sommes persuadés que le pavillon national ne se substituera pas aux pavillons étrangers pour les destinations que nous venons d'énumérer.

Le prélèvement du droit de quai dans les ports de France se justifie si l'on envisage que les navires qui se rendent à Marseille, à Bordeaux, au Havre ou dans les autres ports ont à y débarquer des chargements entiers ou au moins des parties importantes. Ils peuvent donc supporter une taxe qui frappe dans une faible proportion le fret réalisé.

Il n'en est pas de même en Algérie :

Notre port notamment est, de tous les ports français, celui qui occupe géographiquement une situation exceptionnelle, car il est placé sur le trajet de toutes les lignes faisant le service entre le nord de l'Europe, l'Adriatique, la mer Noire, le Levant, l'Égypte, les Indes et l'Extrême-Orient.

Les vapeurs passant devant nos côtes peuvent donc s'y arrêter sans déviation et venir charger les quelques marchandises dont disposent nos négociants. Pendant cette opération, ils profitent de leur escale pour renouveler leurs approvisionnements de charbon, d'eau douce et de vivres frais. Ce mouvement a une importance d'autant plus considérable qu'elle intéresse à de multiples points de vue la production agricole et industrielle de la circonscription d'Alger, ainsi que le mouvement commercial. Chaque navire est une source d'importants écoulements pour les produits locaux et procure les moyens d'existence à une partie importante de la population, particu-lièrement la classe des journaliers les plus nécessiteux. Les bénéfices qui en résultent se répartissent donc à l'infini dans la cité commerciale et ouvrière.

Ne perdons pas de vue que notre port est plutôt un point d'escale qu'un lieu de destination, car c'est d'une importance considérable dans le sujet qui nous occupe.

Par une très sage mesure les droits de quai n'ont été jusqu'à ce jour perçus en Algérie que sur les quantités de marchandises débarquées ; les vapeurs venant embarquer étaient exempts ;

C'est ce régime spécial à notre colonie qui a permis l'organisation des nom-breuses lignes qui ont mis nos ports en relations directes avec l'étranger et ce sont ces moyens de communication qui ont facilité à notre commerce l'écoule-ment qu'il a trouvé au dehors.

Nous venons de voir quelles seront à l'avenir les charges énormes que devront supporter les navires arrivant d'un port étranger du bassin de la Méditerranée et chargeant à destination du Nord ; ces charges seront doublement lourdes pour les gros paquebots qui avaient pris l'habitude de toucher ici à leur retour de l'Extrême-Orient. Ceux-ci en venant prendre une centaine de tonnes de mar-chandises, réalisant un fret d'environ 2,000 francs, devront à l'avenir acquitter en raison de leur fort tonnage une taxe de 2,500 à 3,000 francs, ce qui évidem-ment les éloignera.

Il y a lieu de remarquer que la loi relative aux droits de quai date de 1872, époque à laquelle la navigation était faite au moyen de navires de faible tonnage. Ceux qui desservaient les ports entre la France et l'Europe ne jau-geaient guère plus de 600 tonnes, ceux qui allaient aux Indes ou en Extrême-Orient atteignaient 1,000 à 1,500 tonnes. Aujourd'hui l'armement a partout été modifié. Nous voyons par les statistiques que les navires de faible portée n'existent plus et qu'ils ont été remplacés par des bâtiments quatre fois plus gros. Les droits de navigation les frappent donc quatre fois plus ; ils les attei-gnent dans une proportion même bien plus grande, car il ne faut pas perdre de vue qu'en 1872, le cours moyen des frets était considérablement plus élevé qu'aujourd'hui, le triple pour certaines marchandises, le quadruple pour d'autres. L'armement pouvait donc sans inconvénient supporter cet impôt.

Pour donner un exemple des conséquences de la nouvelle loi nous citerons le cas de la Compagnie Océanique et de la Compagnie Nederland Stoomwart Maats-chappy qui ont depuis une dizaine d'années adopté Alger comme port d'escale. Ces deux puissantes compagnies font le service de la Chine, du Japon et des Indes-Néerlandaises. Leur principal aliment de fret se compose de marchandises venant des fabriques suisses. Celles-ci sont dirigées de Zurich et Genève vers Marseille et de là par transbordement à Alger.

En raison de la concurrence qui est faite à ces Compagnies par les vapeurs faisant escale à Gênes, à Venise et à Trieste, les frets ont diminué jusqu'à

20 francs la tonne. Les vapeurs touchant à Alger prenant en moyenne 50 tonnes chacun réalisent donc brut 1,000 à 1,500 francs. Comment donc pourront-ils supporter la taxe excessive qui va leur être réclamée ?...

Nous avons tenu à citer le service spécial de ces deux compagnies pour démonstration du défaut de prévoyance qui a présidé à l'élaboration de la loi en question. En effet, les transports d'Europe en Extrême-Orient sont disputés par de nombreuses compagnies ; les unes agissent librement, d'autres ont réussi à obtenir de divers gouvernements des subventions considérables ;

C'est ainsi que la Compagnie allemande le Nordeustcher-Lloyd, la Compagnie hollandaise Nederlandsche-Indie indépendamment de la subvention donnée par leur gouvernement respectif ont été sollicitées par le gouvernement italien à l'effet d'assurer les escales de Gênes. Elles ont pour cela obtenu chacune un subside important.

Tout récemment encore, l'Italie a décidé la Compagnie anglaise Péninsulaire et Orientale à mettre Venise en communication avec l'Extrême-Orient moyennant une subvention annuelle de deux millions de lires !

Nous voyons encore d'autres lignes subventionnées ; la Compagnie Orient allant de Naples en Australie, la Compagnie British India de Naples à Bombay et Calcutta. D'autres enfin qui sans être subventionnées jouissent dans les ports italiens de réductions considérables sur les frais. Telles sont par exemples, la Compagnie Royale Néerlandaise reliant la côte ouest de l'Italie avec la Hollande, la ligne Wilson reliant la côte de l'Adriatique avec l'Angleterre, la Compagnie Sloman allant à Hambourg, etc., etc. Ces faits prouvent surabondamment quelle importance le gouvernement italien attache à ses relations avec l'Étranger.

Il suffit de visiter ses ports pour être frappé de l'activité qui y règne. N'avons nous pas vu depuis quelques années seulement, celui de Gênes enlever la plus grande part du trafic de Marseille et aujourd'hui ne voyons-nous pas une nouvelle portion de ce trafic détournée sur Venise par le St-Gothard ?

Qui va donc en souffrir ? Nos chemins de fer, nos ports et notre commerce.

Nous venons de citer ces détails en ce qui concerne seulement deux Compagnies de navigation ; nous pourrions en indiquer bien d'autres intéressant d'autres lignes et faisant ressortir les effets funestes d'une loi ruineuse pour notre pays.

Par une délibération prise le 17 juillet dernier, votre Chambre, avec la sollicitude dont elle a toujours fait preuve, a exposé à MM. les Ministres du Commerce, des Travaux Publics, de la Marine et des Finances toutes les questions intéressant la prospérité du port d'Alger et les moyens à adopter pour résister à la concurrence des ports étrangers.

Tous vos travaux antérieurs, ainsi qu'en témoignent les recueils annuels que nous avons sous les yeux, font ressortir les efforts faits jusqu'à ce jour par votre Compagnie dans le but de développer le commerce maritime de notre port.

L'entreprise privée, fortement secondée par votre bienveillant appui, a triom-

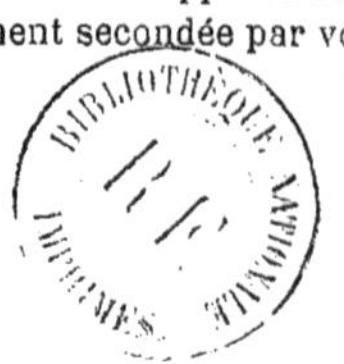

phé de nombreuses difficultés, et c'est au moment où nous arrivions à recueillir le fruit de longues années de persévérance et de sacrifices que le Parlement a pris la seule mesure pouvant annihiler notre travail et amener la décroissance de notre commerce.

Les dernières statistiques ont fait ressortir que le port d'Alger était parvenu au point de vue de l'importance de la navigation au troisième rang parmi les ports de France, et c'est au moment où nos grands travaux d'amélioration et d'extension étaient commencés qu'une loi insuffisamment instruite nous a brutalement frappés.

Cette mesure atteindra également le commerce du charbonnage car nos principaux clients sont les compagnies régulières qui profitent de l'escale que font leurs navires à l'effet de charger ou débarquer pour renouveler en même temps leur approvisionnement de combustible.

Les lignes dont nous avons ci-dessus cité les noms prennent en moyenne environ 100,000 tonnes de charbon dans l'année. Ne pouvant plus toucher pour trafiquer il est bien évident qu'elles ne s'approvisionneront plus ici et que nos ventes diminueront d'autant.

C'est avec un certain orgueil que, dans un travail publié il y a quelque temps par votre Chambre, nous avons pu constater les progrès réalisés au détriment du port de Gibraltar, mais aussi avec quelle amère déception ne manquerons-nous pas de voir dans les prochaines statistiques, les funestes effets de la nouvelle loi.

En la votant, les législateurs se sont-ils bien rendu compte qu'en recherchant et en frappant aussi lourdement cette matière imposable, ils en provoqueraient *ipso facto* la disparition ?

Evidemment non ; car en prenant cette mesure, non seulement les recettes du Trésor n'augmenteront pas, mais encore perdra-t-on presque entièrement celles qui existaient.

Nous croyons pouvoir affirmer qu'en tenant compte de la suppression des nombreuses lignes que nous avons citées plus haut et de la diminution de 100,000 tonnes dans les importations annuelles de charbon, le Trésor perdra :

Droit de quai sur 10,000 tonnes annuellement importées à 0,50. . . . . Fr.	5.000
— 100,000 tonnes charbon en moins soit à 0,50.	50.000
Droits sanitaires sur 700 navires réguliers, représentant un tonnage moyen de 1,050,000 tonnes à 0,10 par tonne..	105.000
Droits sanitaires sur les navires qui auraient apporté 100,000 tonnes de charbon, soit un tonnage net de 50,000 tonnes à 0,10.	5.000
Le Trésor perdra donc. . . . . Fr.	165.000

Les autres taxes de pilotage et de péage diminueront dans une égale proportion.

Les sommes prévues pour les besoins du service du pilotage et pour les améliorations du port disparaîtront donc en grande partie.

Voilà donc quel sera le résultat de l'application à Alger du régime général de la Métropole. Au lieu d'encaisser les recettes prévues par le projet du budget, le Trésor se trouvera en déficit de 165,000 francs au minimum.

N'aurait-il pas été plus sage de se contenter d'une recette certaine que l'expérience des années passées nous assurait.

Nous avons dit plus haut que le tonnage des marchandises à l'entrée avait seul été imposé pour les droits de quai. En maintenant cette taxe on aurait pu la rendre applicable également aux marchandises à la sortie. Tout en frappant dans une faible mesure le commerce d'exportation, cette taxe de 0,50 cent. par tonne *exportée* se serait traduite par une notable augmentation de recettes.

Ce moyen de procéder eût été équitable et plus productif.

Il est certes difficile de demander à nos législateurs d'abroger immédiatement la loi qu'ils viennent à peine de voter, mais ne pourrions-nous pas solliciter quelques tempéraments dans son application jusqu'à la présentation du prochain projet de budget ? On pourra nous répondre que l'État voudrait voir par expérience le résultat obtenu pendant l'exercice en cours et attendre donc la fin de l'année avant de proposer une modification.

En principe, ce raisonnement paraîtrait sage, mais en pratique il serait déplorable.

Nous savons en effet, combien il a été pénible de réussir à attirer à Alger les nombreuses Compagnies qui fréquentent notre port. Il n'a pas fallu moins de quinze années de persévérance et de sacrifices pour y parvenir ; mais lorsqu'elles connaîtront le lourd impôt dont elles sont frappées, consentiront-elles à envoyer leurs navires dans nos eaux ? Assurément non.

L'année d'essai qu'on nous demanderait suffirait pour les détourner à jamais.

On aurait même beau adoucir plus tard toutes les taxes, que le mouvement actuel ne reprendrait pas et les ports concurrents étrangers bénéficieraient de cette situation.

Nous sommes convaincus que le Gouvernement ne laissera pas ainsi péricliter l'un des commerces les plus importants de notre place.

En attendant l'abrogation de cette loi votée par surprise, ne pourrait-on pas obtenir de M. le Ministre des Finances une faveur spéciale à notre port?

Un précédent existe déjà en faveur de celui de Cherbourg.

En effet, n'avons-nous pas vu une décision ministérielle, en date du 25 décembre 1872 et une décision administrative du 27 juin 1878, exonérer du droit de quai les paquebots des lignes allemandes et anglaises relâchant dans ce port pour y débarquer ou embarquer des passagers?

Cette disposition particulière qui a favorisé Cherbourg n'a pas été prise sans raison; il a été reconnu que ce port n'était pas placé dans les mêmes conditions que les autres et que sa prospérité dépendait d'un régime spécial.

Notre cas est le même, car la position géographique d'Alger dans la Méditerranée est la même que celle de Cherbourg dans la Manche. Or, puisque de simples décisions ministérielles ont pu, en 1872 et 1878, laisser une certaine latitude d'application en faveur d'un port, des dispositions de la loi du 30 janvier 1872, il est probable que nous pourrions obtenir par les mêmes mesures l'adoucissement que nous demandons.

Afin de tempérer les effets de l'application stricte de la loi, nous proposerions que les navires faisant escale à Alger puissent charger ou débarquer des quantités ne dépassant pas le 1/10e de leur jauge en acquittant le droit de quai simplement sur les quantités embarquées ou débarquées; si le chargement dépasse ce 1/10e les droits seraient prélevés sur la base du régime général.

Nous ne saurions trop insister sur l'extrême urgence de cette question, car, nous le répétons, toutes les Compagnies intéressées sont sur le point de déserter Alger, si une mesure immédiate n'est pas prise pour remédier à cet état de choses particulièrement grave.

N'oublions pas que nous nous trouvons en présence de Compagnies étrangères qui ne manqueront pas de voir dans ce nouveau régime une façon détournée de les repousser de notre port.

Sans doute, leurs intérêts particuliers ne peuvent peser pour beaucoup, mais n'avons-nous pas à considérer le bénéfice et les avantages multiples qu'en retirent le Trésor et le commerce local.

Rappelons encore que si vraiment le Gouvernement veut tenter une expérience d'une durée quelconque, ces armateurs, éloignés une première fois, ne voudront plus exposer leurs intérêts à des surprises du genre de celle qui les frappe en ce moment.

Notre marine marchande n'a-t-elle pas aussi à craindre des représailles dans les ports étrangers?

Tous ces points méritent une attention sérieuse.

DEUXIÈME PARTIE

—

Les Droits de Statistique

Dans le but de compenser le produit des droits de statistique qui ont jusqu'à ce jour été prélevés sur les marchandises de provenance algérienne arrivant en France, la loi de finances du 28 décembre 1895 a décidé que toute marchandise arrivant de l'étranger en Algérie serait soumise à ce droit fixe à raison de dix centimes par colis ou par tonne, selon sa catégorie.

Cette mesure affectera peu la marchandise de valeur mais elle atteindra lourdement d'autres commerces et en particulier celui du charbonnage, car ce droit perçu à raison de dix centimes par tonne débarquée et embarquée grèvera le charbon de vingt centimes par tonne.

Cette nouvelle imposition sera impossible à supporter ; en effet, le gouvernement n'est pas sans ignorer que depuis quelques années les négociants en charbon de notre port ont eu à résister à la dure concurrence de Gibraltar et de Malte. Cette lutte a été particulièrement vive cette année, car les concurrents anglais ont fait les plus grands efforts pour résister aux progrès toujours croissants d'Alger ; dans ce but ils ont décidé de faire pour l'année 1896 des sacrifices considérables. Cette situation nous a obligés nous-mêmes à réduire nos prix de vente pour l'année en cours et à nous satisfaire d'un profit infime, voire même à l'abandonner dans plusieurs cas. Comment donc pourrons-nous supporter la dîme qui nous est demandée ?

La rivalité des ports voisins vous est déjà connue ; vous avez, depuis quelques années, suivi avec intérêt la lutte que nous avons soutenue pour arriver à donner à notre port la position prédominante qu'il a acquise. Vous l'avez du reste si bien compris que, dans le but de favoriser ce commerce, votre Chambre a étudié les voies et moyens d'en sauvegarder les intérêts.

C'est ainsi que vous avez cherché à réduire les frais incombant au charbonnage, en obtenant tout d'abord une réduction dans les droits de pilotage, puis dans ceux de péage.

L'importante question du charbonnage n'a pas échappé à l'attention du Gouvernement, car, à la date du 29 mai 1895, votre Chambre recevait une lettre de M. le Gouverneur général au sujet de la concurrence dont le port d'Alger était menacé par suite des grands travaux entrepris à Gibraltar. Dans cette lettre, M. le Gouverneur général invitait la Chambre de commerce, M. le Maire d'Alger et MM. les Ingénieurs des Ponts et Chaussées à étudier les mesures à prendre pour ne pas se laisser distancer par Gibraltar.

Par une délibération appuyée de renseignements et de documents irréfutables, votre Chambre a nettement motivé les mesures à prendre pour résister au danger.

Mais quelle suite a été donnée aux sages avis exprimés ?

Nous n'en connaissons aucune en faveur de ce commerce, tandis que nous venons d'être frappés bien durement par le droit de statistique qui entrave nos opérations en absorbant entièrement nos profits.

Nous aimons à croire que les législateurs ne se sont pas rendu compte des graves conséquences d'une semblable mesure votée précisément au moment où tous nos efforts tendaient au développement de notre port et qui n'aura d'autre résultat que de ruiner le commerce du charbonnage.

Nous concluons donc, Monsieur le Président, en vous priant de vouloir bien être notre intermédiaire en signalant d'urgence les dangers dont nous sommes menacés à M. le Gouverneur Général et à M. le Ministre des Finances et en sollicitant de leur bienveillance les mesures utiles pour empêcher les funestes effets de la loi qui vient d'être votée.

E. DELACROIX.

DÉLIBÉRATION

La Chambre adopte et convertit en délibération le rapport dont elle vient d'entendre la lecture.

Le Président de la Chambre de Commerce,

J. WAROT